maze
ACTIVITY BOOK
DISCOVER AND ENJOY A VARIETY OF ACTIVITY PAGES FOR KIDS!

FOR KIDS
AGES 4-8!

Activity 1

START

FINISH

Activity 2

FINISH

START

Activity 3

START

FINISH

Activity 4

Activity 5

START

FINISH

Activity 6

START

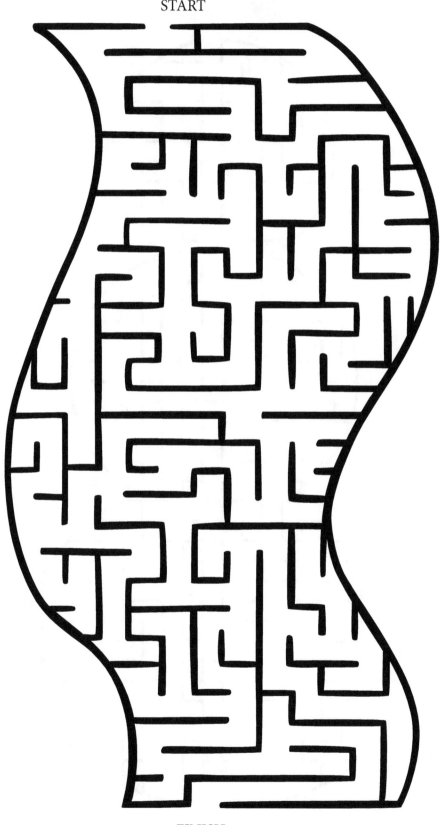

FINISH

Activity 7

START

FINISH

Activity 8

START

FINISH

Activity 9

START

FINISH

Activity 11

START

FINISH

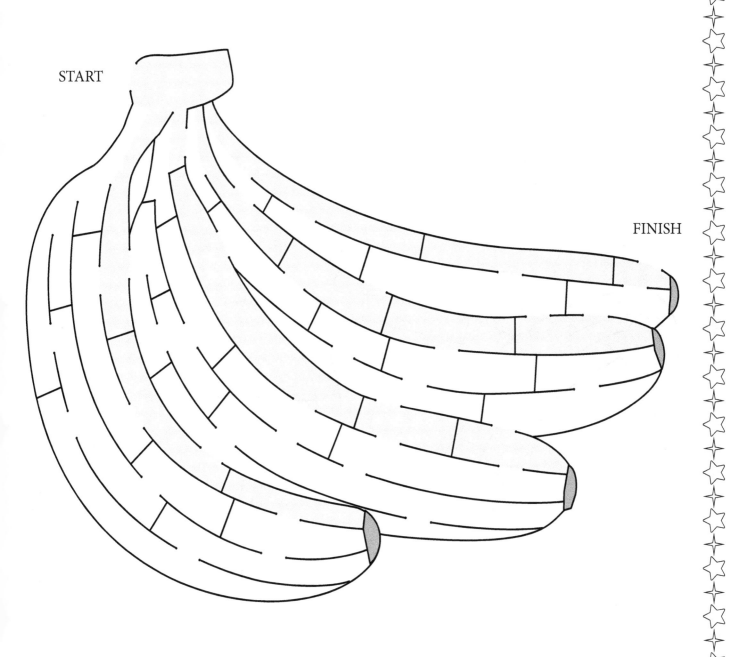

Activity 12

START

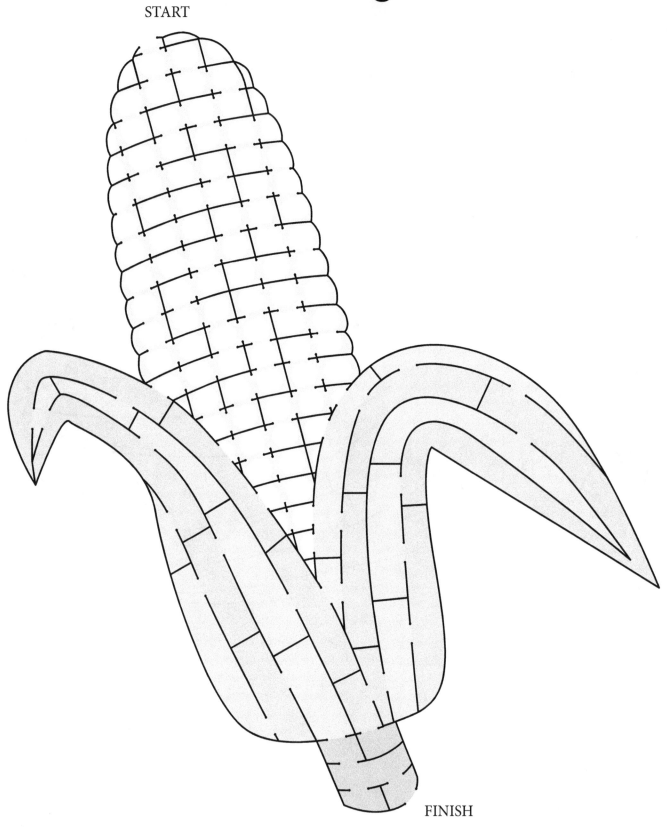

FINISH

Activity 13

START

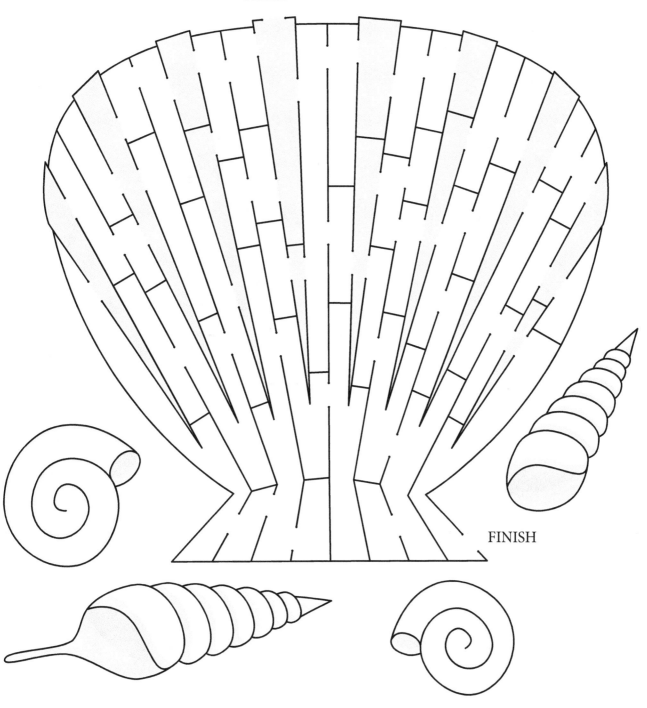

FINISH

Activity 14

START

FINISH

Activity 15

START

FINISH

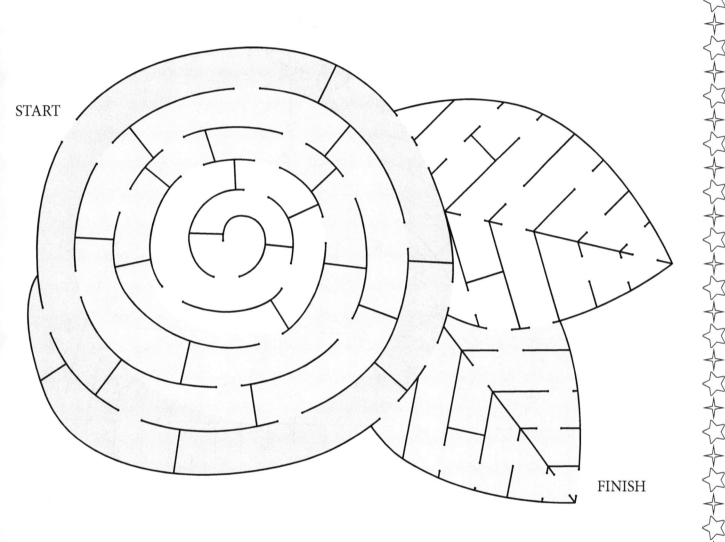

Activity 16

START

FINISH

Activity 17

START

FINISH

Activity 18

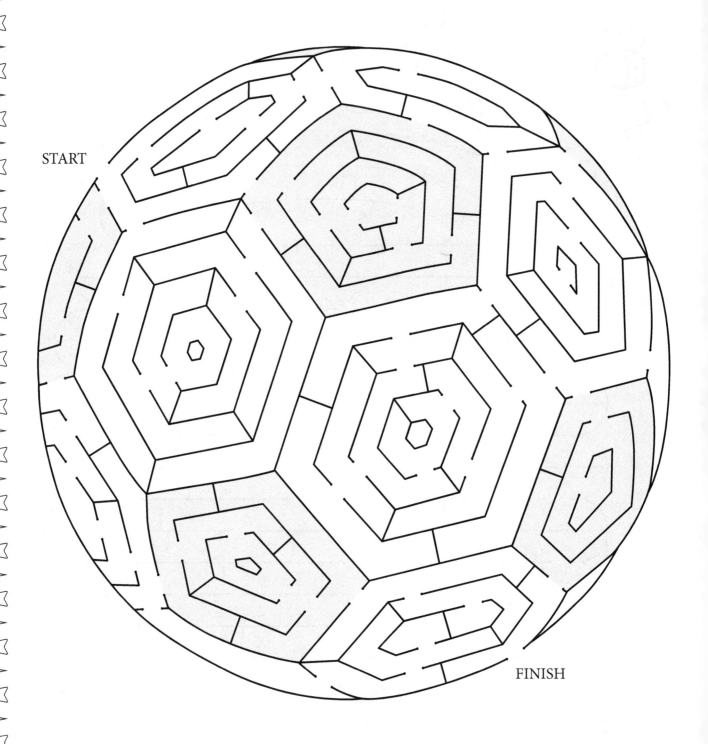

START

FINISH

Activity 19

START

FINISH

Activity 20

START

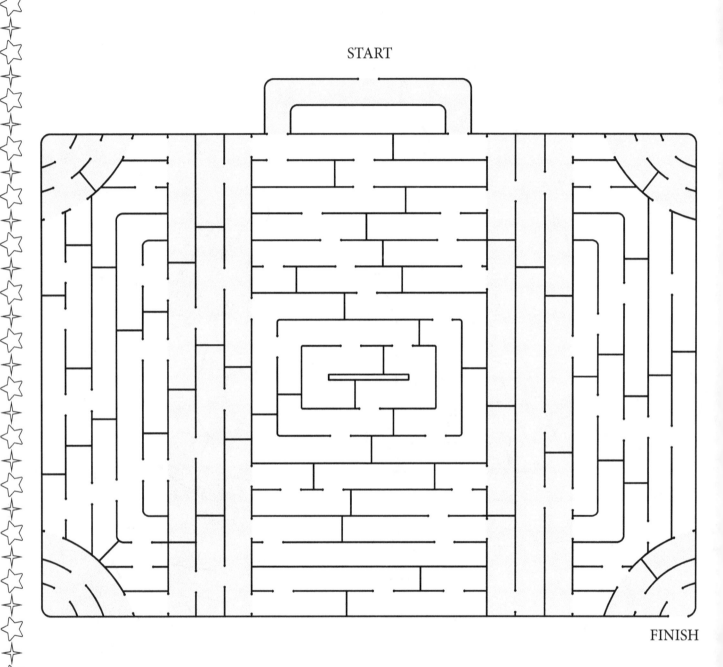

FINISH

Activity 21

FINISH

START

Activity 22

START

FINISH

Activity 23

START

FINISH

Activity 24

START

FINISH

Activity 25

START

FINISH

Activity 26

FINISH

START

Activity 27

FINISH

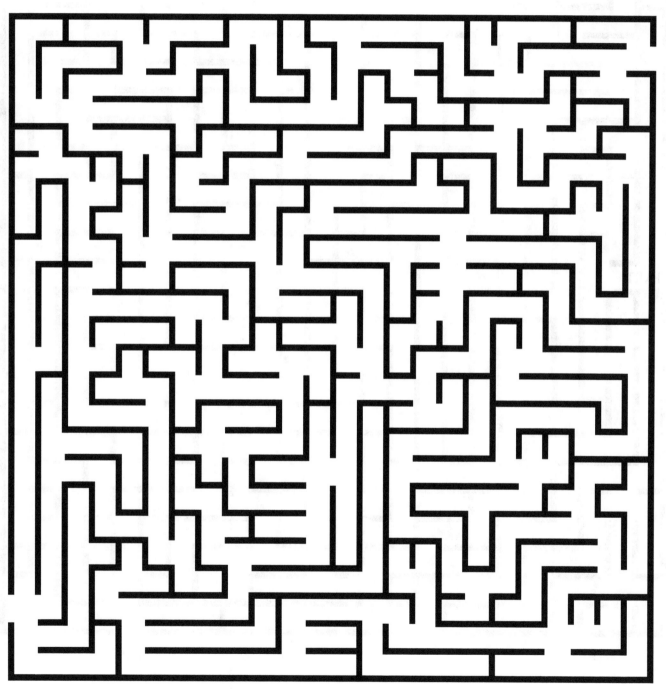

START

Activity 28

START

FINISH

Activity 29

START

FINISH

Activity 30

START

FINISH

Activity 31

START

FINISH

Activity 32

START

FINISH

Activity 33

START

FINISH

Activity 34

START

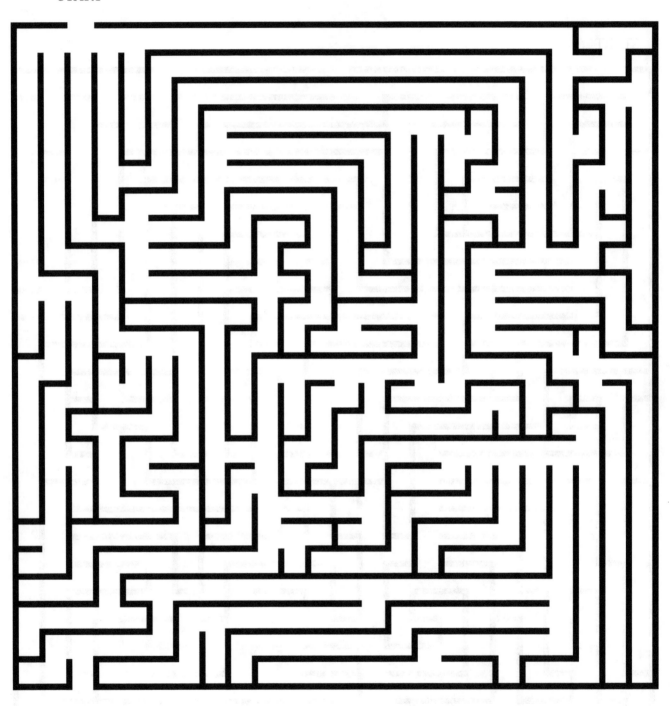

FINISH

Activity 35

START

FINISH

Activity 36

START

FINISH

Activity 37

START

FINISH

Activity 38

START

FINISH

Activity 39

START

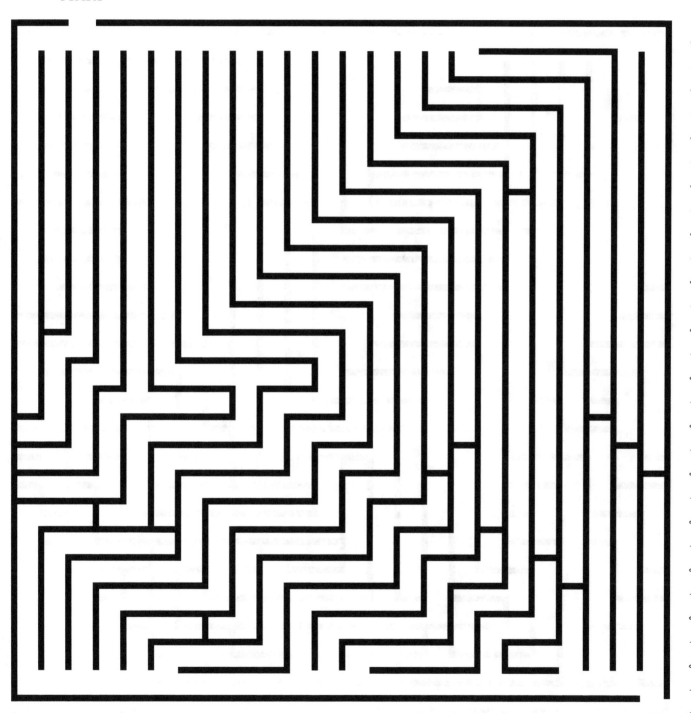

FINISH

Activity 40

START

FINISH

Activity 41

START

FINISH

Activity 42

START

FINISH

Activity 1

START

FINISH

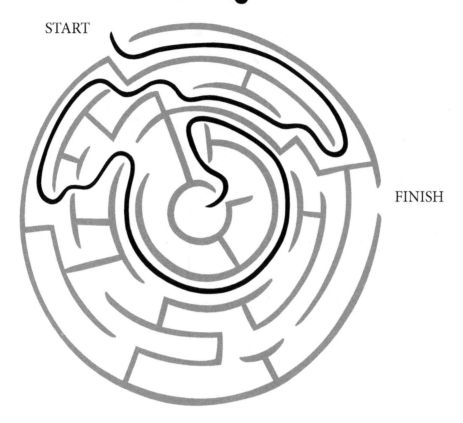

Activity 2

FINISH

START

Activity 5

START

FINISH

Activity 6

START

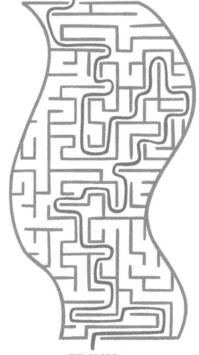

FINISH

Activity 7

START

FINISH

Activity 8

START

FINISH

Activity 11

START

FINISH

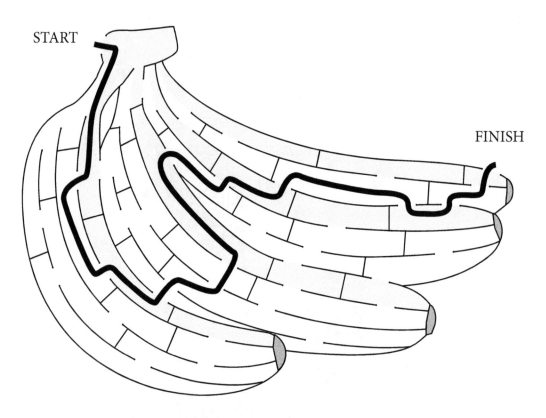

Activity 12

START

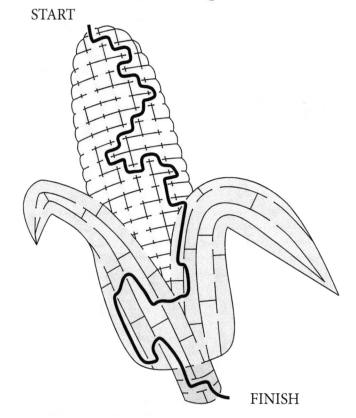

FINISH

Activity 13

START

FINISH

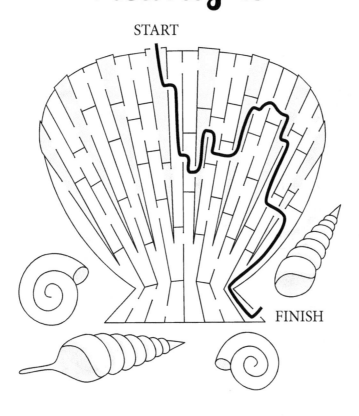

Activity 14

START

FINISH

Activity 15

START

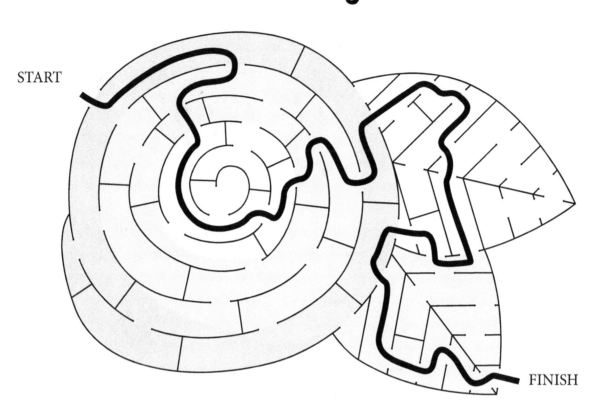

FINISH

Activity 16

START

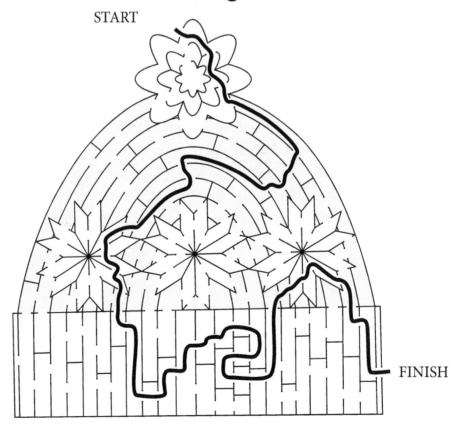

FINISH

Activity 17

START

FINISH

Activity 18

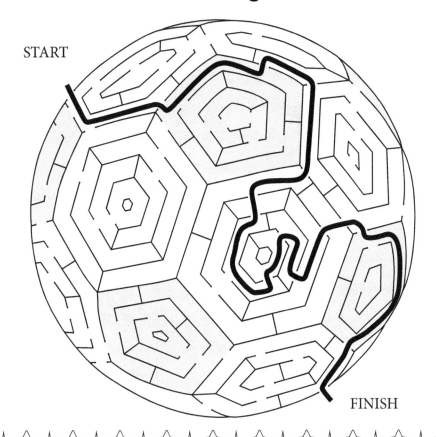

START

FINISH

Activity 19

START

FINISH

Activity 20

START

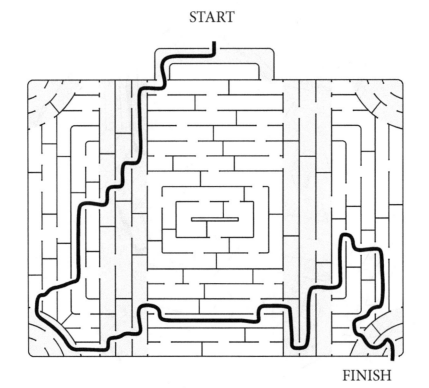

FINISH

Activity 21

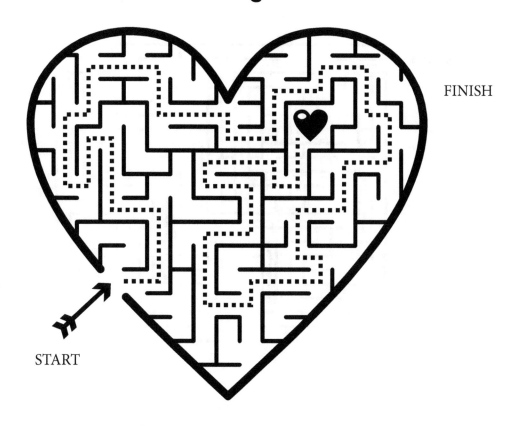

FINISH

START

Activity 22

START

FINISH

Activity 23

START

FINISH

Activity 24

START

FINISH

Activity 25

START

FINISH

Activity 26

START

FINISH

Activity 27

FINISH

START

Activity 28

START

FINISH

Activity 29

START

FINISH

Activity 30

START

FINISH

Activity 31

START

FINISH

Activity 32

START

FINISH

Activity 33

START

FINISH

Activity 34

START

FINISH

Activity 35

START

FINISH

Activity 36

START

FINISH

Activity 37

START

FINISH

Activity 38

START

FINISH

Activity 39

START

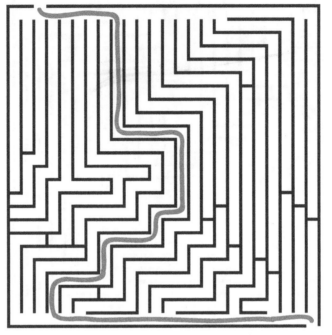

FINISH

Activity 40

START

FINISH